ISBN 978-2-211-21471-1

© 2013, l'école des loisirs, Paris, pour la présente édition
dans la collection «Titoumax»
© 2012, l'école des loisirs, Paris
Loi numéro 49 956 du 16 juillet 1949 sur les publications
destinées à la jeunesse : octobre 2012
Dépôt légal : mars 2014
Imprimé en France par IME à Baume-les-Dames

Édition spéciale non commercialisée en librairie

Alex Sanders

Pas sage?

loulou & Cie
l'école des loisirs
11, rue de Sèvres, Paris 6ᵉ

Toc! Toc!
Toc!

Ouh là là !
Mais qui voilà ?
Monsieur
le loup !

Et que viens-tu faire par ici Monsieur le loup?

Ha Ha Ha!
Je passais par là...
et j'ai entendu du bruit...

Ah bon ?!
Quel genre
de bruit ?

Des bruits
d'enfants !

Ah bon ?!
Et les enfants qui
font trop de
bêtises ?
... Ceux qui
cassent tout et
ne rangent rien ?
Aussi ?

Miam !

Et même les enfants
qui disent de gros
mensonges
et de vilains
gros mots ?

Miam
Miam !

Je les aime
énormément !

Je les croque !
Je les mets dans mon gros ventre et on ne les entend plus du tout ! Ha Ha Ha !

Et même les enfants
tout cracra qui
ne veulent jamais
se laver ni brosser
leurs petites dents ?

Miam !
Miam !
Miam !

Je les adore !

Et les enfants qui font des caprices pour ne pas aller au dodo quand c'est l'heure ?

Ce sont les meilleurs !
Je les fais cuire avec du beurre !
Et je les croque !

Et les enfants sages...
Tu les croques aussi
Monsieur le loup ?

Heu...
je ne sais
pas...

Je m'en ai
jamais
vu !

Oui ! Là !
Juste devant toi !

Ah oui !

Oh là là...
Comme c'est mignon,
un enfant
sage ....

Toc! Toc! Toc!
Oh mais qui voilà ?
C'est ta maman qui
te cherche
Monsieur
le vilain
petit loup!